AF338383

ANCIENS MILITAIRES COLONIAUX

DE ROUEN

Société de Secours mutuels

FÊTE ANNUELLE

Du 13 Octobre 1895

Sous la Présidence de M. LAURENT, Maire de la Ville

CAUSERIE SUR LES COLONIAUX

PAR

Henry BRUNET, Président

Dédié à MM. les Industriels, Manufacturiers, Commerçants

ROUEN

ANCIENNE IMPRIMERIE LAPIERRE

1, RUE SAINT-ÉTIENNE-DES-TONNELIERS, 1

—

1895

ANCIENS MILITAIRES COLONIAUX

DE ROUEN

Société de Secours mutuels

FÊTE ANNUELLE

Du 13 Octobre 1895

Sous la Présidence de M. LAURENT, Maire de la Ville

CAUSERIE SUR LES COLONIAUX

PAR

Henry BRUNET, Président

Dédié à MM. les Industriels, Manufacturiers, Commerçants

ROUEN

ANCIENNE IMPRIMERIE LAPIERRE

1, RUE SAINT-ÉTIENNE-DES-TONNELIERS, 1

—

1895

Rouen, le 13 Octobre 1895.

M

Au nom de mes chers Camarades, les ANCIENS MILITAIRES COLONIAUX DE ROUEN, *j'ai l'honneur de vous dédier les quelques lignes suivantes, que je vous serai reconnaissant de lire attentivement.*

Veuillez agréer, M   , l'assurance de mes sentiments distingués.

LE PRÉSIDENT,

Henry **BRUNET**.

CAUSERIE SUR LES COLONIAUX

Monsieur le Maire,

Mesdames,

Messieurs,

Camarades,

Vous venez d'entendre deux orateurs plus autorisés que moi, qui vous ont tenus sous le charme de leur parole; aussi, après eux, mon rôle d'orateur, que j'ai en qualité de Président de la Société des « Anciens Militaires Coloniaux, » est-il bien ardu, bien difficile; je tâcherai, cependant, de ne pas vous ennuyer par un discours, que je n'ai pas la prétention de faire, mais, si vous le voulez-bien, par une causerie sur les militaires coloniaux :

Ce qu'ils ont été;

Ce qu'ils sont;

Ce qu'ils devront devenir.

Vous excuserez le Moi, qui sera souvent répété, mais, comme je veux vous entretenir d'impressions personnelles, ce moi reviendra quelques fois, souvent, même.

En ce moment, je parlerai aux personnes qui avaient l'âge d'être soldat avant l'époque funeste de 1870, et je leur dirai :

N'est-ce pas, que cela donnait le frisson de penser à aller aux colonies ?

Qui est-ce qui n'appréhendait pas d'entrer, comme appelé par un bas numéro, dans un régiment allant aux colonies ?

Dans ce temps là, il n'y avait que la flotte ou marins, que l'infanterie de marine, que l'artillerie de marine qui concouraient soit à la conquête, soit à l'occupation de nos colonies.

Ces beaux régiments de la marine étaient même presque inconnus; on les comparait facilement à des douaniers et même avec des gardes-chiourmes.

On ne connaissait rien, ou pour mieux dire on ne s'intéressait pas aux choses des colonies.

Pour beaucoup, les colonies étaient un lieu maudit, un réceptacle de décavés de la vie, où l'on envoyait mourir la tourbe de la société.

Ah ! ne vous récriez pas. Ce que je dis est tellement vrai que, adolescent encore, sortant du lycée, à peine, quand je voulus être soldat, m'engager en un mot, ce qui était une énormité en ce temps-là, car on était presque montré du doigt lorsqu'on voulait servir son pays volontairement, l'on disait, et cela résumait tout : « C'est un engagé ! »

Quand je voulus, dis-je, être soldat, avantureux comme on l'est à dix-huit ans, ayant un amour prononcé pour les voyages et l'imprévu, je choisis pour régiment l'infanterie de la marine.

Que de cris chez moi, que de refus à combattre. On prit même l'intervention d'un amiral, ami de ma famille, le regretté et brave amiral de la Roncière le Noury, qui, en 1870, au siége de Paris, couronna sa belle carrière par l'héroïque défense de Saint-Denis.

« Savez-vous, me dit-il, que dans certaines colonies,
« sur dix hommes il en revient deux ! »

Le brave et digne amiral exagérait ; il entrait dans le
complot du père de famille, le mien, qui ne voulait pas
entendre parler de l'infanterie de la marine et encore
moins des colonies.

« Je serai des deux qui reviendront, » dis-je.

Ces mots ont leur importance et leur signification,
vous le verrez plus loin.

Ces soldats obscurs, qui de tous temps et en tous lieux
ont accompli des prodiges de valeur, malgré les climats
meurtriers, malgré le nombre des ennemis, toujours plus
nombreux à combattre, ont tout d'un coup, à jamais et
d'une façon magistrale, buriné leur valeur et leur existence
dans l'histoire.

Un contre dix, presque sans armes, sans munitions,
combattant sans trêve, sans merci, mourant de faim, de
soif, trois jours consécutifs de combats, au milieu de
l'incendie allumé par les torches incendiaires et crimi-
nelles des Bavarois. Ces soldats ont acquis l'immortalité à
Bazeilles !

Bazeilles ! dont l'un des épisodes, retracé par le peintre
regretté de Neuville, a immortalisé la grande figure du
commandant Lambert, un des héros si nombreux que
notre belle infanterie de marine s'honore de posséder.

Il fallait Bazeilles pour faire connaître ces troupes
d'élite, et, cependant, s'il fallait citer tous les faits
d'armes accomplis avant celui-ci, il faudrait faire, année
par année, l'historique de toutes nos colonies, depuis leur
commencement.

Avant 1870, on parlait peu des faits d'armes accomplis
par la marine en dehors de l'Europe.

Mesdames, Messieurs, Camarades, l'année terrible est passée, mais non oubliée ; notre pays de France, régénéré dans le sang de ses enfants, entrant dans une ère meilleure et nouvelle, éprouve le besoin intense de s'épandre à l'extérieur.

L'industrie, le commerce, comprennent que la richesse nationale éprouve des besoins nouveaux en cherchant d'autres ressources ; l'honneur et la grandeur de la France commandent de ne pas laisser prendre ce qui est convoité par d'autres puissances, et c'est tellement vrai, que nous voyons des pays comme l'Allemagne, qui, avant 1870, avaient peu ou prou de marine et pas du tout de colonies, construire des vaisseaux et aller par delà les mers y conquérir un empire colonial.

Voici cette question coloniale qui arrive à grands pas.

De tous côtés, partout, l'on parle de pays qu'avant l'on connaissait à peine ; l'inconnu, le nouveau réveille le sentiment si chevaleresque et si entreprenant de l'esprit français : Tonkin, Annam, Tunisie, Soudan, Dahomey, Obock, Madagascar, cependant une de nos plus anciennes colonies, viennent jeter un jour nouveau dans la vie de la grande Patrie française ; Tombouctou, la ville impénétrable et mystérieuse, où quelques Européens ont pu à peine entrer, voit flotter le drapeau tricolore !

C'est un rêve !

Le monde entier reste étonné.

Qui a fait tout ceci ?

Ce sont les militaires coloniaux.

Ici, Mesdames, Messieurs, Camarades, une définition s'impose.

Comme je le disais en commençant, avant et un peu

après 1870, les troupes de la marine proprement dites seules coopéraient à la conquête et à l'expansion coloniale. Seules elles étaient appelées à l'insigne honneur de porter au loin le drapeau tricolore.

Aujourd'hui, que voyons-nous ? infanterie, cavalerie, artillerie de l'armée de terre, troupes d'Algérie, enfin tout ce qui appartient à ce qu'on appelle le département de la Guerre, viennent et se confondent avec nos marsouins, avec nos matelots, avec notre artillerie de marine.

Ils sont tantôt sous le commandement des braves généraux de la marine Bossant, Brière de l'Isle, de Trentinian, Dodds, Borgnis-Desbordes, Bégin et tant d'autres; tantôt sous le commandement des non moins braves généraux de la guerre Négrier, le regretté de Courcy, Giovanninelli, dont le grand talent de tacticien vient encore de s'accentuer dans nos dernières grandes manœuvres de l'Est; Duchesne, qui, à Madagascar, écrit sur l'airain une page héroïque de plus à notre histoire militaire.

C'est ce qui prouve bien que ce n'est pas l'uniforme qui fait le soldat, car on les a vus accomplir des prodiges; qu'ils soient marsouins ou lignards, ils savent combattre, souffrir, mourir pour la Patrie.

Oh ! Madagascar, quelle belle page dans notre histoire. Braves soldats, un général d'une nation alliée et amie vous a rendu justice. Dragomiroff a bu à toi, petit troupier français.

Ce toast d'un général éminent vaut un bel ordre du jour; il rend justice à l'endurance, à la discipline et à l'entrain du soldat français, qui devrait bien, en retour, à l'exemple des zouaves à Palestro, faire comme pour le roi Victor-Emmanuel, le nommer caporal.

Mesdames, Messieurs, Camarades, vous rappelez-vous que, dans le début de cette causerie, je vous priais de m'excuser si j'abusais du Moi, si personnel et si désagréable en lui-même. J'avais besoin d'un point d'appui pour ce qui va suivre :

« Sur dix hommes, il en revient deux. »

Ceci est exagéré, mais s'est vu.

Eh bien, connaissez-vous la maladie la plus funeste, la plus terrible qui décime nos soldats ?

La dyssenterie, la fièvre jaune et paludéenne, le choléra, l'anémie y sont bien pour quelque chose, pour beaucoup même, mais le fléau, l'ennemi le plus formidable, c'est la Nostalgie.

Pauvre enfant ! vingt ans ! tu pars, tu as pourtant du cœur, du courage, mais tu es comme une plante repiquée qu'on n'arrose pas : tu dépéris; chaque jour écoulé, sans traces appréciables, te rapproche de l'issue fatale : la Mort.

C'est la Patrie que tu regrettes, représentée par la famille, la promise aimée, les champs que tu as vu reverdir chaque année, l'atelier, où tu te perfectionnais pour devenir un bon ouvrier.

Pauvres chers morts, pauvres camarades, je vous revois toujours, le corps rigide, couchés sur les dalles de l'amphithéâtre de l'hôpital; vos yeux. grands ouverts avaient l'air de chercher un je ne sais quoi de l'au delà des mers, et il semblait qu'une dernière larme en tombait.

La nostalgie ! cela tue sûrement et fatalement; moi, qui ai vécu plus de cinq années en Cochinchine et au Sénégal, je pourrais vous citer de nombreux cas.

Tout ce que je viens de dire jette un froid, n'est-ce pas ?

Une question se pose : pourquoi avoir des colonies ? Il faut donc abandonner celles que nous possédons.

Non ! Loin de moi cette pensée. L'honneur et l'avenir commandent d'y rester et d'y créer de nouveaux débouchés.

Mais l'on peut remédier à cet état de choses en créant, ce qui est demandé à grands cris par des hommes compétents, ce qui est nécessaire, en créant, dis-je, l'armée coloniale.

Ni le cadre dans lequel je veux rester, ni ma compétence en cette matière, ne me permettent de m'étendre sur ce sujet ; mais je puis dire que beaucoup d'éléments, hétérogènes à première vue, peuvent former une homogénéité qui comblerait les *desiderata* de tous, en nous donnant une armée coloniale solide, qui n'affaiblira pas l'effectif consacré à l'armée proprement dite ni ne compromettra pas le mécanisme de notre mobilisation, tout en nous donnant une armée spéciale, toujours formée, toujours acclimatée, enfin, toujours prête à entrer en campagne.

Comment la composer :

N'avons-nous pas les volontaires, qui, comme l'orateur, sont toujours sûrs, j'appuie sur ce mot, de revenir dans les deux sur dix ; n'avons-nous pas la légion étrangère, composée d'hommes faits, solides et qui n'ont plus qu'une patrie d'adoption, et pour beaucoup d'occasion ; n'avons-nous pas les troupes indigènes, afférentes à chacune de nos colonies.

Et, enfin, ne pourrait-on pas ouvrir les portes à ceux qui, encore pleins de santé et arrivés à trente-cinq, quarante ans et même plus, ont échoué dans la vie civile et qui ne voient aucune issue pour se refaire une situation, mais qui, ayant perdu toute illusion, n'en sont pas moins d'honnêtes gens, pleins de cœur et de courage, et auxquels un espoir d'avancement régénérerait la vie, car, dans cette armée spéciale, il n'y aurait pas de limite d'âge pour obtenir l'épaulette.

Ce serait presque un des problèmes de la question sociale tranché, et l'on verrait moins la traînée lamentable des déclassés.

Bien entendu, dans cette combinaison n'entrerait que l'élément honnête, je ne veux parler que de l'homme malheureux ; tout autre est indigne d'être soldat, de défendre un drapeau.

Je suis persuadé qu'avec ces molécules, disparates en elles-mêmes, nous aurions un tout parfait et moins de morts à pleurer.

Mesdames, Messieurs, il y a cinq ans, le 1er août 1890, une quinzaine d'anciens militaires coloniaux fondaient la Société que j'ai l'honneur de présider. C'est une Société de Secours mutuels.

Nous comptons aujourd'hui 92 membres actifs, venant de tous les régiments, soit de terre, soit de la marine, qui ont servi en dehors de la France, en Algérie, aussi bien que dans nos colonies les plus lointaines, qui payent une cotisation annuelle de 15 fr.

La limite d'âge pour l'admission des membres actifs et comme sociétaires est fixée à quarante ans.

C'est à mes honorables prédécesseurs, MM. Trigout, président fondateur, mort des suites de son séjour aux colonies ; Lecouturier, retenu au chevet de son fils malade ; Gravier, dont vous venez d'entendre la savante conférence, que revient l'honneur d'avoir aidé à la prospérité relative de notre Société.

Nous ne sommes pas riches, mais nous ne devons rien. Un de nos camarades vous exposera tout à l'heure la situation de notre Société, au point de vue financier, et, si nous n'avions pas de bons Membres bienfaiteurs et honoraires, qui nous aident par leurs dons, nous aurions peine à arriver.

Merci à eux tous, mais ils ne sont pas assez nombreux; il nous en faudrait encore et toujours des nouveaux.

Ah! Mesdames, Messieurs, les voyez-vous revenir des colonies, ces pauvres coloniaux, la plupart anémiés, fiévreux, sans force aucune; ouvriers ou paysans, ils n'ont pas une famille riche qui leur donnera les moyens de se rétablir, de se soigner; ils n'auront pas la force de tenir l'outil, de conduire la charrue qui leur donne le pain.

Oui, vous tous, Industriels, Commerçants, dont les produits vont aux colonies; Savants, qui pouvez explorer sous la protection de ces modestes soldats, c'est de votre devoir de ne pas les abandonner, car, pour l'honneur de la France, comme pour sa gloire, qui rejaillit sur tous ses enfants, pour la prospérité industrielle et commerciale, pour la science et la civilisation, ils donnent largement leur santé, ils donnent leur vie.

Et je suis persuadé que je n'aurai pas parlé en vain, et qu'à partir d'aujourd'hui nous compterons des Membres bienfaiteurs, donateurs et honoraires en plus.

Nous avons souvent des malades; il nous faut beaucoup d'argent pour les médicaments, payer le médecin et leur assurer une faible somme journalière qui permette à leurs femmes, à leurs enfants de manger un peu de pain.

HENRY BRUNET,

Président.

Je soussigné, ..., profession ....

demeurant à ...., rue ....

déclare m'inscrire à la Société des **Anciens Militaires Coloniaux de Rouen**, en qualité de Membre (1) ...., et pour la somme annuelle de ....

Signature :

(1) Membre honoraire ou Membre actif.

Le Membre honoraire n'a pas besoin d'avoir été soldat.

Le Membre actif doit avoir servi en dehors de France et Europe, quel que soit le régiment ou le grade. La limite d'âge est de 40 ans; la cotisation annuelle de **15 fr.** (Demander Statuts chez **M. DUCLOS, Trésorier, 33, quai de Paris.**)

La Cotisation de Membre honoraire est **FACULTATIVE.**

Nota. — Envoyer les Adhésions au Président ou à M. Duclos, Trésorier, 33, quai de Paris, Rouen. — *Les Dames sont admises comme Membres honoraires.*